A LAS PUERTAS DEL PAPEL, CON AMOROSO FUEGO

A LAS PUERTAS DEL PAPEL,
CON AMOROSO FUEGO
Primera edición: Marzo 1996
Ediciones Torremozas, S.L. Madrid.

© Ediciones Torremozas
© Carlota Caulfield
© Fotografía: David Garten
I.S.B.N.: 84-7839-171-1
Depósito Legal: M. 7.472-1996
Composición: Type & Print
Impreso en Taravilla
c/ Mesón de Paños, 6. 28013 Madrid.

EDICIONES TORREMOZAS, S.L.
Dirección: LUZMARÍA JIMÉNEZ FARO
Apartado 19.032 - 28080 Madrid
Teléfono: 350 50 27
Fax: 345 85 32

CARLOTA CAULFIELD

A LAS PUERTAS DEL PAPEL, CON AMOROSO FUEGO

119

COLECCIÓN TORREMOZAS
Madrid, 1996

CARLOTA CAULFIELD nació en La Habana, Cuba, bajo el signo de Capricornio. Ha vivido en Dublín, Zürich, New York, New Orleans y San Francisco.Actualmente enseña literatura española y latinoamericana en el Mills College de Oakland, California.

Es autora de: *Fanaim* (1984), *Oscuridad divina* (1985 & 1987), *A veces te llamo infancia/Sometimes I call myself childhood* (1985), *El tiempo es una mujer que espera* (Col. Torremozas n.º 31, 1986), *34th Street & other poems* (1987), *Angel Dust/Polvo de Angel/Polvere D'Angelo* (1990), *Visual Games for Words & Sounds. Hyperpoems for the Macintosh* (1993), *Libro de los XXXIX escalones/Libro dei XXXIX gradini* (1995), *Estrofas de papel, barro y tinta* (1995) and *Book of XXXIX steps, a poetry game of discovery and imagination. Hyperpoems for the Macintosh* (1995). Sus poemas han sido publicados en numerosas revistas literarias.

Entre los premios que ha recibido se encuentran el Premio Internacional «Ultimo Novecento» (Italia, 1988), «Mención de Honor» en el «Premio Plural» (México, 1992), «Mención de Honor» en el Premio Internacional «Federico García Lorca» (Estados Unidos-España, 1994) y Premio Internacional «Riccardo Marchi-Torre di Calafuria» (Italia, 1995).

«A LAS PUERTAS DE LA POESÍA
DE CARLOTA CAULFIELD»

Las mujeres escribían y escriben cartas de amor en las tatuadas y secretas espaldas de los seres queridos, en almohadas bordadas con las siguientes palabras: «sólo pienso en ti, corazón», y tantas veces, ellas, imposibilitadas para la navegación o mejor dicho porque el viaje les era negado, escribían cartas en botellas azules. Desde el siglo XVI el género epistolar se reconoce como una poderosa forma de expresión literaria. Las mujeres escribían cartas de amor desde siempre a destinatarios imaginarios y reales, la carta secreta perfumada escrita en sangre y tinta china, plumas para habitarse y estar en el mundo. La carta de amor era también el mensaje interior de mujeres apasionadas y secretas.

Carlota Caulfield, antigua y moderna tanto en su presencia enigmática como en su literatura, viajó a través de ciudades visibles e invisibles, y entabló un diálogo con el cuerpo acuoso insinuante de las cartas de mujeres conocidas y desconocidas, enamoradas y desterradas. Fue en busca de la voz y la palabra de Lucrezia Borgia, de María Savorgnan, de una virgen del sol, de una carta inédita de Nora, de las texturas del cuerpo y, a través de ellas, ha recreado su propio texto: un discurso alucinado e insinuante de amor.

Son estas cartas de otras hermanas y de la poeta

Carlota Caulfield, una verdadera alianza en torno a la sororidad como también una celebración del imaginario femenino por medio de sus más sagradas tradiciones: las cartas de amor. Estas cartas están arraigadas en el mismo cuerpo del deseo y traducidas al cuerpo del texto por medio de la voz que las oye y las lee, para recrearlas con sutilísima sabiduría y pasión al *corpus* extasiado de su propia escritura.

A través del poemario se produce un bello e inquietante diálogo de una escritura a través de todos los tiempos de todas las memorias que vienen a fundirse por medio de la voz intensa y apasionada de la que escribe. Leer estas cartas de amor de otras es recrearlas en el discurso de su propio estar. Por ejemplo, Sor Mariana le escribe al amado porque «Parece que te hablo mientras te escribo y que logro el bien de tu presencia», esa presencia se vendrá transformando mediante las voces de Carlota Caulfield en la extensión misma de la carta de la otra que luego será una misma historia. Caulfield en la misma carta, afirma lo siguiente: «Creí en tus manos / que son dulces (...) / Escribo para curarme / de mi locura», y tal vez es esta la frase redentora y esencial de los textos.

Escribir como forma de combatir la ausencia o invocar la presencia; escribir para no tener que gesticular la pasión y simplemente ser. En otra carta, Flora Tristán, la incansable viajera, afirma: «el joven por el que yo sentía un total afecto (...) era uno de esos seres fríos y calculadores, para los cuales una gran pasión siempre revestía una apariencia de locura: tuvo miedo de mi amor». Caulfield recrea a Flora Tristán y a sí misma gravitando en lo que bordea las zonas de la pasión devastadora, las zonas de locura y el delirio, pasión no correspondida y fatalmente tatuada de indiferencia: «A veces nosotras las mujeres / debemos ponernos una máscara de indiferencia. / Una declaración directa de amor / puede ser fatal.»

Los textos de Caulfield son bellos, insinuantes, aterradores y con gran sentido del humor, como por ejemplo el dedicado a la condesa Pardo Bazán en el cual Caulfield recrea la historia de la intrahistoria y los sugestivos secretos que encierran las cartas de amor, tal si fueran imanes de la memoria. Rosa Luxemburgo, Flora Tristán, Gabriela Mistral, Isadora Duncan y muchas otras mujeres aparecen como hacedoras viajeras itinerantes que sostienen un diálogo profundo con la poeta que es la lectora y a la vez es el cuerpo de la otra como las cartas de su propio amor y sus daguerrotipos: «Tengo a Mozart y a Schubert / en la punta de mis dedos.»

Carlota Caulfield ha recreado y creado un conmovedor poemario donde la escena o el paisaje de la escena o el paisaje de la escritura, es en sí un gran poema, un bello acto de amor y de fe. Las cartas de esta colección son trozos de historias de otras historias y son más que nada, una conmovedora forma de acercarnos al sortilegio misterioso de las epístolas, que son como figuras mirándose a sí mismas y transformándose «La música del mediodía me dejó sin virtud / «*El agua horada la roca a fuerza de caer en ella*» / y pensé que quizás podíamos cambiar papeles / Máscaras de Venecia, viento que sopla dentro de mí, / toda mirada a tu cuerpo desnudo...»

Carlota Caulfield nos regala un libro extraordinario y alucinante, original y perturbador que nos ayuda a recrear nuestra locura y amor como extraordinarias mujeres de la historia universal, desde condesas a danzarinas, desde princesas incaicas a monjas, porque esta

11

poeta sabe que el verdadero secreto de las cartas de amor no reside en quien las recibe sino en quien las escribe. Es este un poemario exquisito y gozoso, una obra clásica en la poesía del siglo xx. Un poemario que ha sabido con delicadeza y dignidad rescatar las voces de la sensibilidad femenina en forma magistral y reveladora. Caulfield es una poeta para leer y recordar: sus cartas de amor estarán siempre en las zonas secretas o en los paisajes abiertos de la escritura.

MARJORIE AGOSIN

A las puertas del papel, con amoroso fuego recibió una Mención en Poesía en el «Premio Plural 1992» de la Ciudad de México. El jurado estuvo integrado por Homero Aridjis, Juan Domingo Argüelles y Saúl Ibargoyen. Los poemas «Carta de Camilla de Pisa a Francesco del Nero», «Il fine della terza e ultima giornata», «Intertexto de nuestro idilio», «(Encontrado entre los papeles inéditos de George Sand...)» «Los maestros cantores: Telegrama», «Ne credere Byron», «Mi abuela era una curiosa mujer», «Each Love Affair in my life would have made a novel», «Los pasos de la condesa», «Wolfratshausen o el arte de la memoria», «Carta de Rosa Luxemburgo a Leo Jogisches», «Carta de la Belle Otero a uno de sus biógrafos», «En esta hora apaciguada y dulce», «Autorretrato», «Stolen Kisses are the Sweetest», «A Well-Tempered Journey» no formaron parte del manuscrito premiado.

Los poemas «Carta de una virgen del sol a su amante», «Stolen Kisses are the Sweetest. Louveciennes, 1932» y «A Well-Tempered Journey» fueron publicados en la revista INTI de los Estados Unidos.

y rota
calla la lengua, mientras la mano escribe

SAFO

POEMAS TATUADOS

I

Zaida se confunde por los caminos de Dios
con mi manto de pelusa cenicienta
que revolotea sobre nuestro *liso cuerpo de cobre*
mientras por debajo del velo
me hablas de amor.

II

La escritura de mi cuerpo
es una rica capa con hombreras
a la moda de Bagdad.
La derecha escribe mi independencia,
mientras la izquierda es tu lectura
de mis versos y como recompensa, un beso.

(WALLADA, 994-1091)

CARTA DE LUCREZIA BORGIA
A SU CONFESOR

Padre, si usted fuera mujer
entendería las razones
y no me haría decir tantas avemarías
Padre, ¿no se da cuenta?
mi castigo de ahora
es libertad en el siglo xx.

UN DÍA DE CONVERSACIONES
CON ALGUNOS PERSONAJES VENECIANOS

Nanna le dice a Pippa
que
nuestra prudencia es
un teatro de cartón
lleno de memorias
que nos regala Giulio Camillo.

En tus transformaciones
hoy me pareces un ready-made
y ayer una hoja en blanco
a punto de ser escrita por muchas plumas.

Pietro Aretino me ha dicho, y hablo de 1548,
que te vio cerca de la iglesia de San Juan.

CARTA DE CAMILLA DE PISA
A FRANCESCO DEL NERO

¡QUE DIOS castigue con toda clase de castigos a esa mujer que en este mismo instante posee aquello que me es más querido en este siglo XVI! Maldigo las noches y todos los instantes que pasas en otros brazos que no son los míos. Malditos sean los besos y todos los actos que me causan tanto dolor. Dios mío, dame paciencia. No hay nada que yo pueda hacer.

(Traducción libre sin dedicatoria)

MI ULTIMA CARTA ES

para dejar mi vestido amarillo
mi escudo de armas   .
mis cincuenta y una perlas
mis poemas y mis cartas
a aquel que una tarde de enero,
en Piazza San Marco,
se miró en mis ojos
sin decirme nada...

Verónica del Cinquecento

CARTA DE MARIA SAVORGNAN
A PIETRO BEMBO
ESCRITA ALREDEDOR DE 1500

Quiero una palabrita de tu mano. Me has dicho que ardes y yo te digo que *ardo e non so che arder più si posi.*

IL FINE DELLA TERZA E ULTIMA GIORNATA

Te escribo desde Venecia, Edina querida, y aquí me quedo. Me he fatigado de andar en trenes. R llega mañana y quizás se queda hasta el Carnaval. Envíame toda la correspondencia que me llegue a Ackermannstrasse al Hotel Granturco. Muchos besos para ti y un abrazo muy fuerte para el Terrible.

(Tarjeta postal enviada por la actriz irlandesa Lotti Cathmhaoil a su amiga la pintora suiza Hedwig Von Aregger poco antes de que LC se convirtiera en Urganda la Desconocida)

TODO BESO A MUJER HONESTA
ES UN ATENTADO

Marco *di Piero di Batista da Ortignano per havere per forza baciato una fanciulla da marito nella strada.*

(Exiliado en Pisa por cinco años bajo la pena de dos años de galeras, *parag. III, art. 81, Edit. general-Gob. Roma, 1540)*

Por haberme besado, querido amigo,
tienes varios años de buena suerte
y pasas a la posteridad inmaculado.
Debo decirte que admiro varias cosas de ti:
tu manera de vestirte,
tus brazos, la curva de tus labios,
tu sonrisa de niño salvaje,
tu buen apetito y el no haber
contestado mis cartas.

CANTIGA 140

Mientras yo, Madonna Elisabetta Rusconi,
en mi diminuto taller
de la *Calle dei Cinque*
imprimía libros hebreos,
tú ibas encima de una góndola
loando a Santa María.

CARTA DE UNA VIRGEN DEL SOL
A SU AMANTE

En una tinaja
escondo el quipú
con la historia
y los sonidos
de nuestros besos.
Querido mío,
guarda bien la cinta de mi talle.
Piensa en mi pelo y en sus adornos.
Yo pienso en ti y te aseguro
que muy prontico sobornaré a mamaogro
para seguir tejiendo de colores tu cuerpo a mi cuerpo.

(Para Abraham)

ENCERRADA EN PASTRANA EN 1585, PIENSO EN TI

Antonio de mis amores
alcanzo el punto central de la Rueda.
Recorro la síntesis de una noche
contigo desnudo en mis brazos:
¡Qué muera el Rey!
Hablemos de política,
destruyamos las convenciones
y amémonos, que el tiempo es poco.

Vuela la paloma
sobre mi recinto de sombras.
Mi ojo izquierdo sigue siendo
el décimo arcano del Tarot.
El último abrazo
de mi vida mortal
tiene una túnica naranja.
¿Quién dijo aquello de
Post coitum, animal triste?

A mí me llaman Eboli, la profeta.

INTERTEXTO DE NUESTRO IDILIO

¿Qué más da que me llame
Lotti, Aennchen, Isabel o Margarita?

¿Qué importancia tiene
el habernos conocido
en Weimar, Zürich, Marienband,
Berna o Venecia?

¿Qué más da que te llames Werther,
Frederick, Rodolfo o Fausto?

¿Qué importa todo si ya no te amo?

(Fax marcado urgente)

(ENCONTRADO ENTRE LOS PAPELES INÉDITOS
DE GEORGE SAND. SE CREE QUE ESTA CARTA
FUE ESCRITA EN MALLORCA EN MEDIO DE SU
PASIÓN POR FEDERICO)

Respiro y descanso
al mirarte desnudo.
Este acompañarnos y saber callar
por los caminos de nuestro dolor:
mi escritura se teje
sobre las paredes
del incomparable acorde de tus manos.

De crepúsculo a crepúsculo
gozo cada vez que te escribo
y me doy cuenta de que
no hay un ideal masculino.

NE CREDERE BYRON

Siempre me he sentido como Carolina Lamb
desde que vi aquella película en La Habana.
Yo también me he disfrazado de cochero,
he hablado en idiomas extraños,
he falsificado identificaciones y
he escrito cartas apasionadas,
para despertar sobre tu pecho.

YO ME ESCRIBO:
CARTAS DE AMOR DE SOR MARIANA
AL CONDE NOEL DE CHAMILLY,
CHEZ BARBIN, 1669.

PRIMERA CARTA

¿Te alegrabas de tener una pasión tan intensa como la mía?

> Huí de oraciones
> y detuve la historia
> del convento
> para decirte te quiero.
> Tu última carta
> volvió a mentir,
> y mi corazón,
> difícil de entender,
> voló a tu encuentro.

SEGUNDA CARTA

Parece que te hablo mientras te escribo y que logro el bien de tu presencia

> Creí en tus manos
> que son dulces
> que corren como avecillas

que santificaron mi cuerpo.
Te escribo para escapar de ti.
Te escribo para destruir
el espejismo de tu sombra.
Escribo para curarme
de mi locura.

TERCERA CARTA

No sé por qué te escribo

Si no te lo mereces
por débil de alma.
Tus prometidas cartas desde Francia.
Aquellas otras desde Sicilia
y las finales desde Clivio
han escapado
como palomas espantadas.
Créeme, esto no es un lamento.
Te escribo para conjurar mis sombras.

CUARTA CARTA

*El dolor de tu ausencia, quizás eterna, no apaga el
ímpetu de mi amor por ti*

Es cierto que a los hombres,
tú eres un buen ejemplo,
les gusta dejar amarse
por nosotras las mujeres.
Nosotras lo damos todo:
arriesgamos nombre y vida,

entregamos la posibilidad del tiempo
y hasta los sonidos de los sueños.
No mentí cuando te declaré mi amor.
Han pasado casi dos años
desde que me negaste tu presencia
y aún te hablo desde mi yo todo.

QUINTA CARTA

Creo que no volveré a escribirte

Por favor,
a caballo o *express mail*
envíame:
mis botas de nieve,
el pergamino de mi apellido,
todos los libros de S.B.,
y el daguerrotipo
de nuestra felicidad.

MI ABUELA ERA UNA CURIOSA MUJER

...el joven por el que yo sentía un total afecto (...) era uno de esos seres fríos y calculadores, para los cuales una gran pasión siempre revestía una apariencia de locura: tuvo miedo de mi amor.

FLORA TRISTÁN

A veces nosotras las mujeres
con un disfraz de indiferencia
nos hacemos reinas,
pero ustedes bien saben que
una declaración de amor
puede ser fatal:

—¡No me hagas daño!, me dijo «el joven» cuando se encontró desnudo conmigo en el medio de mis *Pérégrinations*:
—Amor mío, no me pidas cosas terribles. Me voy al Perú en barco, no quiero sentir de nuevo ni tu sudor, ni tu demencia de amor, ni tus pensamientos.

TRES LINDAS CUBANAS

I

... nosotras las habaneras, confesamos siempre mucho menos de lo que sentimos.

CONDESA DE MERLÍN, *Correspondencia íntima, 1842.*

DIARIO AL INCONSTANTE

Dejémonos de eufemismos
querido Victor Philarete
y vayamos al grano.
Tengo cincuenta años
y vivo de pedigüeña.
He vendido mi reloj y mi coche
y no tengo quien me peine.
Los impulsos de mi corazón
se quedaron en La Havane,
Baden, Metz y el castillo de Dissay.
Mi amor impetuoso por ti
se lo lleva la corriente
y «nuestra obra»
es esta pasión desesperada
de tu
        Mercedes

CARTA CASI INÉDITA A ANTONIO

Te amo cuando no te veo, cuando no te escucho, cuando sólo llegan a mí tus cartas...

Tula
(rúbrica)

Ni compromisos forzosos, ni confesiones innecesarias quiero.

Mi libertad verdadera es no ser esclava de nada ni de nadie.

Escribo cuando quiero, a pesar de mis infames plumas, y al final de mi vida defino el amor como el querer escribirte una hora después de habernos separado.

III

9 DE LA MAÑANA DE 1895

Mi Carlos mío; hoy es miércoles... mañana es el día de las ilusiones. Mañana te veré! (...) Ayer noche puse en el correo cartas para ti. Desde el jueves no he dejado de escribir un sólo día. Alucinada y delirante *En la cámara oscura de tus ojos* adivino mi porvenir y me suicido en cada palabra que escribo.

Ivone-Juana

LOS PASOS DE LA CONDESA

No deseo ciertamente que me hagas una infidelidad, no; pero aun concibo menos que te eches una amiga espiritual, a quien le cuentes tus argumentos de novelas.

(Fragmento de una carta de Emilia Pardo Bazán
a Benito Pérez Galdós).

Entre 1889 y 1890
mi pluma te ha querido
como a nadie.
Me niego a aceptar
que los rumores
que andan por ahí
sean ciertos.
*Verdad, mi alma,
¿que es imposible?*

WOLFRATSHAUSEN O EL ARTE
DE LA MEMORIA

(no necesites nada y haz lo que quieras)

Quiero huir de tus manos que me queman y dejar que el trazo de tu pluma sea la poesía que me falta. Nunca había sentido la vida como ahora. Si todo lo que ves en el mundo es a través de mis ojos, disuélvete en mí, sé en mí, expulsa todo sueño donde yo no esté. Mírame con los ojos cerrados. Es ya hora de bendecir nuestros besos.

(Lou Andreas-Salomé le escribe a Rilke, 189...)

CARTA DE ROSA LUXEMBURGO
A LEO JÖGICHES

Dyodyu, querido mío (...) sí, tienes razón. Hemos vivido vidas espirituales separadas por mucho tiempo. Mi soledad ha sido espantosa estos dos últimos años. *Mi última visita a Zürich me dejó sin la menor duda de que te has vuelto totalmente ciego para mí, para mi ser interior, que todo lo que soy para ti es una mujer más, quizás diferente de las otras en el hecho de que escribo* poemas.

Miles de besos

R.

EACH LOVE AFFAIR IN MY LIFE WOULD HAVE MADE A NOVEL

escribió Isadora Duncan,

Todas las mujeres somos músicos:
en cada hombre tocamos notas diferentes
y oímos melodías variadas.
¿Se pueden igualar acaso la música de Beethoven
y la de Cesar Franck?
¿Puedo acaso comparar el «Prends moi, prends moi!»
de Gabriel D'Annunzio a las poesías que por tres años
Sergei Essenin me susurró al oído?
And I suppose a woman who has known but
one man is like a person who has heard only
one composer.

(1927)

DAGUERROTIPOS Y CARTAS OLVIDADAS

En espera de las lluvias
empiezo a escribir los cuentos
que viviremos
tan pronto regreses.
Nada puede compararse
a esta *folie à deux.*

Tengo a Mozart y a Schubert
en la punta de mis dedos
mientras planto el café o
cazo leones o hablo.

En espera de las lluvias
se manifiesta mi alegría
de lo porvenir.
Dibujo anagramas
en el cristal de la ventana
que te verá llegar.
Ver «Out of Africa» contigo
fue creerme Isak Dinesen
e imaginarte Denys Finch-Hatton.

EXILIOS: CARTA INÉDITA DE NORA

Mi exilio está tejido en la tierra de Kirche Flüntern desde 1951: soy católica y que más da que me llame Nora Barnacle si trabajo en el Finn's Hotel de Leinster Street Dublin y Jim debía haberse dedicado al canto y no a la escritura porque la música hay qué diferencia esas páginas tan raras y los escritores que gente qué gente en que Planeta me muevo Jim si hubiera querido tener cartas eróticas ese verano que me sentí tan sola y tú las escribiste cuando lo necesitabas tú Trieste París o Zürich todas la misma cosa tan provincianas que no entienden el irlandés ni el español que hablo.

CARTA DE LA BELLE OTERO
A UNO DE SUS BIÓGRAFOS

Estimado admirador:

He perdido un poco la memoria, pero aún me acuerdo de que nací en Galicia un día de noviembre de 1868 y que me bautizaron bajo el nombre de Agustina. Mi familia era demasiado grande y de pocas ambiciones, mientras que yo era chiquita pero mis ambiciones grandes. Me enamoré, sí señor, de un mequetrefe que me hizo correr mundo..., perdone ud., pero hablar de mí misma es un acto audaz y no quiero aventurarme a distorsionar mi imagen. Bueno, le contaba que ... debuté en un music hall de Manhattan en 1890 y conocí al amor de mi vida = Ernest Andrée Jurgens, ¡felices fueron aquellos tiempos! yo tan joven y bonita, él tan guapo, tan creador de leyendas..., después de hacerme famosa no he vuelto a saber lo que es la felicidad. El amor ha sido mi comercio. Me han acusado de no tener alma y de haber conocido a los partidos más ricos del mundo. Mi verdadera pasión ha sido el juego y mi enemiga, la pobreza (aunque bien pudiera mencionarle el nombre de algunas envidiosas que hubieran querido verme hecha polvo, me refiero a la Cléo de Mérode y a la Liane de Pogny). He tenido buenos amigos. Nunca me olvidaré de lo que mi querida Colette escribió sobre mis pechos de limón. Si quiere algunas fotografías y recortes de periódicos, se los enviaré. Si por casualidad pasa por Niza, venga a verme porque me voy a morir el 10 de abril de 1965. Suya,

Carolina

EN ESTA HORA APACIGUADA Y DULCE

¿Sabes que soy muy pesada de manos? Me gusta pegar; creo que acaricio y dejo una mancha. Las muchachas que viven conmigo dicen que mis palomas (las manos) son en verdad gavilanes...

(Carta de Gabriela Mistral a Manuel Magallanes)

Manuel, esta es mi carta XXVI
y sigo disfrutando este hablarte.
Me hubiera gustado ver la tarde contigo
y ser dichosa y tener paz y quererte.

AUTORRETRATO

Tus ojos, verdes dentro de mi carne. Todo tú en el
espacio lleno de sonidos, en la sombra y en la luz.

(Carta de Frida Kahlo a Diego Rivera)

Duermo en tus axilas
y soy número perdido
entre combinaciones.
Abrazo el universo
cada vez que te acaricio.
Quiero ser todas las mujeres que amas.
Quiero engendrarte de nuevo.
Perderte es impensable. Lo eres todo.

STOLEN KISSES ARE THE SWEETEST,
Louveciennes, 1932.

Henry:
Je pense à toi tous le temps.

Anaïs

Lo único que quiero saber es
si detrás del espejo
me esperan tus ojos.
Kiss me quick, my dear,
que la vida es breve.

Te amo ha tomado por asalto
todos mis *Diarios.*
Veámonos dónde y cómo sea.
Quiero que tus manos
escriban en los pliegues
de mis páginas
todas tus aventuras,
y que cada trazo de tu pluma
sirva para hacer
menos virgen mi cuaderno.

A WELL-TEMPERED JOURNEY

I

If I could kiss your sweet mouth and eat green poached eggs with pepper

Querido:

Tu carta me parece tan absurda que por más que la leo no puedo creer que después de habernos amado tanto me digas que sólo puedes darme tu amistad.¿No quieres compromisos? Yo tampoco. ¿Tienes miedos? Yo también. Lee mi carta con cuidado. No puedo pedirte que seas lo que no eres, ni que me ames si no lo sientes, pero déjame saber al menos lo que te hizo cambiar respecto a mí. Trata de entender que yo no he cambiado y aún pienso en ti y en nuestros paseos a las montañas, y en nuestras lecturas antes de dormir, en nuestro deambular por las calles, en nuestros viajes en tren, y en ese nuestro siempre celebrar la vida. Sólo te pido que pienses en la posibilidad de reanudar nuestros diálogos. No temas. Tenemos todas las de ganar. Con todo mi amor,

Yo.

II

(SI YO FUERA COMO TÚ,
SI TÚ FUERAS COMO YO)

Sin remitente

La música del mediodía me dejó sin virtud: *«el agua horada la roca a fuerza de caer en ella»* y pensé que quizás podíamos cambiar los papeles. Máscaras de Venecia, viento que sopla dentro de mí, toda mirada a tu cuerpo desnudo prohibida, porque soy el monje de la montaña y yo un canal desbordado y yo sufro y yo no sé lo que tengo y yo siento tus latidos y yo de pronto tocando un preludio y fuga de Bach en lo que nunca podrás ni quieres darme y yo desesperado porque tengo miedo y yo hambrienta de tu aliento y yo casi lloro y me niego a tus manos y yo esperando y yo dejo de ser, el terror me invade, y yo soy tú ahora y te quiero, no tengas miedo mi amor, mi amor que no sé de violencias, no te inquietes, yo soy la que te adora ángel, espiga, la que soy fuerte, y mi mano bajo estas sábanas de hilo te lleva en este viaje bien templado hasta las aguas de Dios: esta es la puerta de la bendición.

TEXTURAS ENVIADAS A T. VIA E-MAIL

La presente es sólo para decirte que
iré a San Francisco mañana.
Espérame a las 11 a.m. y no te olvides
de Cornelius.
Hace frío en Oakland
y dibujo en tu cuerpo.

ÍNDICE

55

SUSCRIPTORES DE HONOR

Mª. Pilar Lerena (Melilla)
Rosario Hiriart (Nueva York)
Encarnita León (Melilla)
Encarna Pisonero (Madrid)
Teresa Arjona (Benidorm)
Encarnita Huerta (Madrid)
María Malla (Orleans)
Sopetrán Domenech (Guadalajara)
Mª. Auxiliadora Luque (Setenil)
Mª Francisca Núñez (Madrid)
Mª. Teresa Rubira (Alicante)
Felisa Chillón (Zamora)
Verónica Selves (San José de Costa Rica)
Araceli Asturiano (San Sebastián)
Ana Mª. Reviriego (Navalmoral de la Mata)
Nieves Rubio (Waco/Texas)
Rima de Vallbona (Houston)
Angeles Cardona (Barcelona)
Paloma Fernández Gomá (Algeciras)
Martha González (Roma)
Angel M. Aguirre (Río Piedras / Pto. Rico)
Diana Ramírez de Arellano (Nueva York)
Aurea Elisa Ortiz (Madrid)
Miguel Lledó (Valencia)
Ana Mª. Alvajar (Madrid)
Paloma Brotons (Londres)
Instituto Cervantes (Nueva York)
Mª. Angeles de Armas (Escalona)
María Huidobro (Madrid)
Centro de Educación Permanente
de Adultos «Antonio Porpetta» (Elda)
Casa de la Cultura (Elda)

Virginia Imaz (Bergara)
Juana Arancibia (Westminster)
Mª. del Carmen Riaza (Madrid)
Ángeles Bravo (Madrid)
Susana Cavallo (Chicago)

SUSCRIPTORES PROTECTORES

Ángela Ibañez (Zaragoza)
Marta Ibáñez (P. Mallorca)
Lola de la Serna (Madrid)
Mª. del Carmen Soler (Barcelona)
Margarita Arroyo (Colmenarejo)
María Cabré (Reus)
Lola Deán (Majadahonda)
Víctor Felipe Zabala (Guernica)
Concepción Huerta (Madrid)
Mª. Angeles Munuera (Pozuelo)
Ana Mª. Romero (Almería)
Soledad Cavero (Madrid)
Pilar Monzón (Almudevar)
Josefina Pérez de la Torre (Sala-
    manca)
Mercedes Alario (Madrid)
Rosa Castillo (Madrid)
Mª. Luisa Mora (Yepes)
Carmen Barrera (Madrid)
Leonor Huerta (Madrid)
Juana Román (Cartagena)
Plutarco Marsá (Madrid)
Josefina Miranda (Madrid)
Carmen Roldán (Málaga)
Soledad Velázquez (Alcobendas)
Juliana Alameda (Yepes)
Elena Sainz (Londres)
Carlos F. Huelín (Torre del Mar)
Lidia Blanco (Astorga)
Margarita de Linares (Barcelona)
Luis Arrillaga (Madrid)
María Tecla Portela (Madrid)
Gloria García (Madrid)
Emilia Marín (Valencia)
Sylvia Martínez (Barcelona)
Emilia Pérez (Alcoy)
Ute Ruzicska (Gijón)
Ángeles Garrido (Gerona)
Eloísa Marco (Getafe)
Nieves Salvador (Benicarló)
Sacra Leal (Elda)
Evangelina Lorenzo (Elda)
Julia Braña (Madrid)

José Miguel Sáez (Elda)
María Pérez (Alicante)
Enriqueta Palacios (Palencia)
Chantal Amorós (Madrid)
Nieves Simón (Alicante)
Rosa Martínez (Alicante)
Eloísa Sánchez (Cádiz)
Gloria Moreno (Madrid)
Julieta Pinto (S. José de Costa
    Rica)
Mª Regla Contioso (Madrid)
María Fraguas (Madrid)
Julia Otxoa (San Sebastián)
Mª. Begoña Romero (Leioa)
Mª. Milagros Pascual (San Sebas-
    tián)
Mª Ángeles Vázquez (Vigo)
Francisca de la Vega (Barcelona)
Estrella Pérez-Valero (Madrid)
Maruxa Orxales (Madrid)
Pilar Marcos (Sevilla)
Agustín Galindo (Sevilla)
Ana Mª. de Corcuera (Polán)
Nela Río (New Brunswick)
Francisco Lamela (Vigo)
Herminia Paz García (Madrid)
Instituto Cervantes (Londres)
Francisca Conde (Melilla)
Consuelo Sanahuja (Valencia)
Mª. Remedios Cabello (Ripoll)
Luz Pichel (Madrid)
Remedios Ruiz (Ocaña)
María Novo (Madrid)
Ángeles Pastor (Madrid)
Rocío Candau (Sanlúcar de Barra-
    meda)
Sol Otto (Barbastro)
Mª. Carmen Adamuz (Algarinejo)
Carmen-Isabel Santamaría (Valla-
    dolid)
Felicidad Ramírez (Madrid)
Blanca Calparsoro (Albons)
Katty Muriel (Melilla)

Mª. Isabel Ortega (Rocafort)
Alicia Briones (S. Just Desvern)
Pilar de Vicente-Gella (Madrid)
Encarna Leal (Hellín)
Mª. José Castellot (Madrid)
Laura Marinas (Vitoria)
Nardi Maroto (Madrid)
María Escudero (Orihuela)
Conchita de Ory (Ginebra)
Carmen Ruibal (Bueu)
Carmen Arcas (Cartagena)
Blanca Sarasua (Bilbao)
Mª. Isabel Ferrán (Melilla)
María Inmaculada Montes (Melilla)
Mª. José Maturana (S. Fernando)
Isabel Vallejo (Montalbán)
Adelina Pérez (Málaga)
Inés Olivares (Móstoles)
Rosa Margot Ochoa (Méjico)
Lucy Cabieles (Los Ángeles)
Belén del Campo (Málaga)
Mª. Antonia Ricas (Toledo)
Juan Antonio Díaz (Toledo)
Cristina Sánchez (Toledo)
Mª. Pilar García (Madrid)
Isabel Abad (Barcelona)
Cristina Amenedo (La Coruña)
Asunción Martínez (Madrid)
Carmen Burró (Ginebra)
Amparo Pérez (Madrid)
Montserrat Gibert (Santander)
Mª. Amelia Fernández (Melilla)
Blas Jesús Imbroda (Melilla)
Belén Reyes (Madrid)
Mª. Carmen Díaz de Alda (Helsinki)
Hortensia Velázquez (Alcobendas)
Encarnita Cortés (Melilla)
Pilar Alcalá (Sevilla)
Elena Andrés (Madrid)
Mª. Teresa Martín (La Línea)
Mª. Pilar Madrid (Málaga)
María Bauzá (Barcelona)
Emperatriz Torres (Lima)
Emilia González (Salamanca)
Lourdes Sánchez (Méjico)
Carmen Fantova (Barcelona)

Mª. José Cabrera (Barbate)
Celia Bautista (Barcelona)
Laura León (Madrid)
Silvia Ortiz (Madrid)
Conchi Gordón (Palencia)
Mª. del Carmen Machado (Icod de los Vinos)
Nieves Galindo (Sevilla)
Mercedes Estíbaliz (Portugalete)
Rosario Pascual (Paradas)
Juana Alías (Melilla)
Mª. Victoria Gómez (Melilla)
Ana Isabel Trigo (Getafe)
José A. Fariña (El Sobradillo)
Marisol González (Nules)
Javier Tamayo (Móstoles)
Araceli Conde (Barcelona)
Elena Mingo-Pérez (Madrid)
Elisa Dejistani (Buenos Aires)
Paloma Merino (Madrid)
Sagrario Maroto (Santiago de Compostela)
Sara Gutiérrez (Jerez de la Frontera)
Mª. Dolores Carretero (San Vicente del Raspeig)
María Hernández (Hospitalet)
Amelia Guilera (Barcelona)
Ana Martín (Madrid)
B. Harrassowitz (Wiesbaden)
Carmen Díaz (Las Rozas)
Anita Vélez-Mitchell (N. York)
Centro de Documentación sobre la Mujer (Lima)
Claudia Jordán (Granada)
Angelina Mancebo (Iurreta)
Gabriela Porcel (P. de Mallorca)
Maite Farrera (Barcelona)
Pedro M. Antón (Barcelona)
Elena Tacoronte (Valencia)
Jesusa Lobo (Ponferrada)
Beatriz Lagos (Hita)
Mercedes Vives (Castellón)
Pilar Serrano (Argamasilla de Alba)
Inmaculada Álvaro (Puerto de la Cruz)
Leonor González (Santander)
Jesús G. Álvarez (Tremañes-Gijón)

Ana Isabel Pérez (Madrid)
Montserrat Delgado (Madrid)
Remedios Martínez (Cuevas de Almanzora)
Ángeles Mora (Granada)
Mª. Luz Escribano (Granada)
Fátima Enjuto (Madrid)
María Antoñanzas (Madrid)
Mª del Valle Rubio (Sevilla)
Isabel Varela (Lugo)
Asunción Pérez de Landa (Zaragoza)
Amparo García (Albacete)
Edith Goel (Rishon Letzion/Israel)
Adoración García (Barcelona)
Renée Ferrer (Asunción)
Rosaura Alvarez (Granada)
Elena Pini (Sabadell)
Carmen Busmayor (León)
Mª. Teresa López de Murillas (Calahorra)
Agustina Moya (Vilanova i la Geltrú)
Carlota Caulfield (Oakland/California)
Eva Mercedes Piñer (Barcelona)
Gloria García Pacheco (Madrid)
Carmen Hontoria (Tokyo)
Anna Mª. Farrera (Olot)
Carmen del Río (Madrid)
Mª. Pilar Cano (Noja)
Violeta L. Suria (Santurce / Puerto Rico)
Pilar Gogniat (Linas / Francia)
Marisa G. del Casar (Madrid)
Isabel Martínez (Beniaján)
Chelo Marín (Murcia)
Mª Jesús Ortega (Cádiz)
María Navarro (Málaga)
Francisca Martínez (Las Palas)
Carmen Guzmán (Málaga)
Instituto E.S. «Miguel Fernández» (Melilla)
Amor Ríos (Málaga)
Elsa Langer (Haifa)
Mary Cruz Purcell (Madrid)
Milagros Salvador (Madrid)
Inmaculada García (Torrejón de Ardoz)

Marta Briones (Madrid)
Rosana de Aza (Sevilla)
Marta Pérez (L'Hospitalet)
Carmen González (Melilla)
Mireia Hernández (Barcelona)
M.ª del Mar Alférez (Madrid)
Carmen Álvaro (Vitoria)
Mayet Fernández (Mieres)
Pepa Caro (Arcos de la Frontera)
Xisca Aguiló (P. de Mallorca)
Cristina González (Madrid)
Margarita Sastre (Ponce/P. Rico)
M.ª Lourdes Martínez (Parla)
M.ª del Valle Alcover (Toledo)
M.ª del Mar Albea (Bonn)
Teresa González (La Habana)
María Rosal (Montilla)
Concepción Coll (P. de Mallorca)
Mercedes Rodríguez (Alicante)
M.ª Avelina Colmenero (Almansa)
Juana Castro (Córdoba)
Leonor Rodríguez (Ciudad Real)
Tonia Vázquez (Ferrol)
Alicia Gómez (Móstoles)
Julia Sanz (Las Rozas)
Nieves Rueda (Castellón)
M.ª Ángeles Montero (Melilla)
Encarna Galeote (Melilla)
Juan Carlos Gómez (Gijón)
Biblioteca de Mujeres (Madrid)
Emilia Villena (Valencia)
Elisa Vázquez de Gey (Bergondo-La Coruña)
Clara Ordiz (Torrevieja)
Isabel Jurado (Nerja)
Araceli Espinosa (Tomelloso)
Ana M.ª Vázquez (Villagarcía de Arosa)
M.ª Teresa Pérez (Madrid)
Pilar Serrano (Ciudad Real)
Ana M.ª Álvarez de Cienfuegos (Madrid)
Uva de Aragón (Miami)
M.ª José Maestre (Ibiza)
Teresa Martín (Madrid)
Araceli Simón (Valladolid)

ESTE LIBRO, NÚMERO 119 DE LA COLECCIÓN TORREMOZAS,
SE TERMINÓ DE IMPRIMIR EL DÍA 15 DE MARZO
DE 1996, FESTIVIDAD DE SANTA LUISA
DE MARILLAC
LAUS DEO